Is' ja
SAGENhaft!

_ Norddeutsche Sagen voll verulkt _

Lars Kramer
Is' ja SAGENhaft!
Norddeutsche Sagen voll verulkt
illustriert von
Rudi Kohls
Engelsdorfer Verlag

Bibliografische Information durch die
Deutsche Nationalbibliothek:
Die Deutsche Nationalbibliothek verzeichnet diese
Publikation in der Deutschen Nationalbibliografie;
detaillierte bibliografische Daten sind im Internet über
http://dnb.dnb.de abrufbar.

ISBN 978-3-95744-022-8

Copyright (2014) Engelsdorfer Verlag Leipzig
Alle Rechte beim Autor
Hergestellt in Leipzig, Germany (EU)
www.engelsdorfer-verlag.de

7,40 Euro (D)

Für

Anna,
unsere kleine Zahnfee.

Inhalt

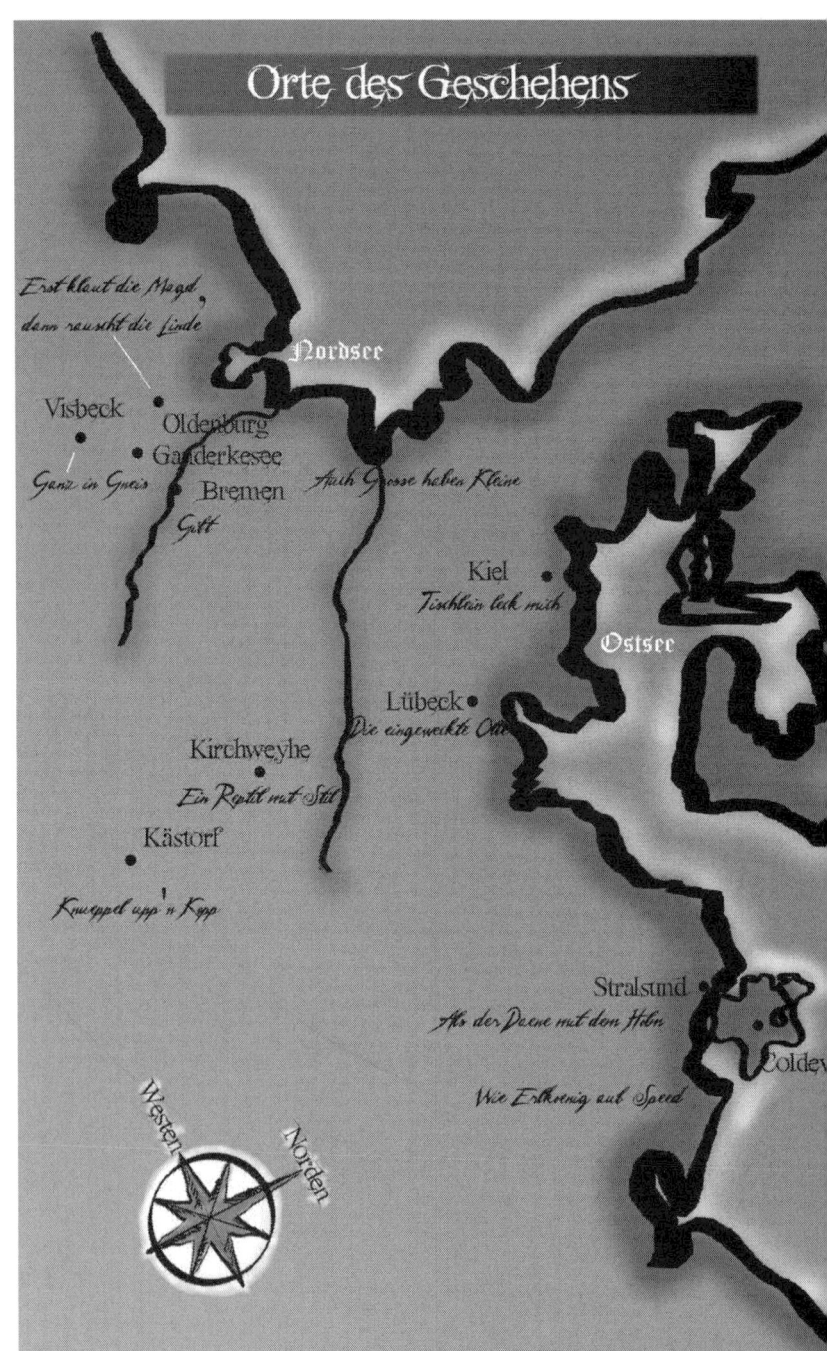

Orte des Geschehens

Nordsee

Erst klaut die Magd,
dann rauscht die Linde

Visbeck

Oldenburg

Ganz in Gneis

Ganderkesee

Bremen

Gatt

Auch Grosse haben Kleine

Kiel

Tischlein leck mich

Ostsee

Lübeck

Die eingeweckte Otti

Kirchweyhe

Ein Reptil mit Stil

Kästorf

Knuppel upp'n Kopp

Stralsund

Als der Daene mit dem Hebn

Coldev

Wie Erlkoenig auf Speed

Westen

Norden

Prolog

Märchen, Sagen und Legenden,
von *Hans Wurst* bis *Rübezahl*,
starten meist, bevor sie enden,
mit dem Satz: „*Es war einmal* ... "

Dieser hohlen Eingangsphrase,
die noch für Romantik steht,
folgt alsbald die Fabelphase,
wo's ans Eingemachte geht.

Und so kommt, was unvermutet,
nach harmonischem Beginn,
ist der Erste ausgeblutet
und verbuddelt bis zum Kinn.

Erst wird feengleich geheuchelt,
dass man sich geborgen fühlt,
dann sogleich der Held gemeuchelt,
bis er schließlich abgekühlt.

Schnell wird klar, dass manch ein Märchen
scheinbar nur den Zweck erfüllt,
dass vor Schreck uns jedes Härchen
gänzlich mit 'nem Pelz umhüllt.

Hexen, Geister und Dämonen,
trügerischer Elbenwald,
in dem manche Wesen wohnen,
die von fieser Grundgestalt.

Die Motive solch' Geschichten
liegen somit auf der Hand:
Auf CS-Gas zu verzichten,
ist echt blöd im Märchenland!

Auch das Schöne ist oft hässlich.
Ja, das ist des Pudels Kern.
Nichts im Leben ist verlässlich.
Haltet Euch von Wölfen fern!

Demzufolge ist 'ne Fabel
nicht nur reines Showprogramm,
sondern immer auch Parabel
für so manches Unschuldslamm.

Zeitportrait aus Brauch und Sitte,
Aberglaube und Moral,
abgemischt noch mit der Bitte:
„*Überliefern peroral!*"

So erhalten sich die Mythen,
und wir werden uns stringent
vor dem Bösen immer hüten,
dann gibt's auch ein Happy End.

In den Sessel nun gekuschelt,
falls Ihr dort nicht längst schon hockt,
diese Zeilen leis'genuschelt,
bis die Logik ausgeknockt!

Los geht's auf den nächsten Seiten,
auf ins deutsche Sagenland,
in die sagenhaften Weiten
bis zum Sagenweltenrand!

Also, hurtig umgeblättert,
nur noch rasch 'nen Tee gebrüht!
In den Märchenwald gebrettert,
bis Rapunzels Schlüpfer glüht!

Viel Spaß
beim Schmökern!

1.

Ein Reptil mit Stil

(Der Lindwurm bei Kirchweye)

*V*or zwei Jahrhundert' oder dreie,
vermutlich ist's noch länger her,
da machte jedem bei *Kirchweyhe*
ein Lindwurm echt das Leben schwer.

Der fiese Echsenpyromane,
der zündelte wie's ihm gefiel.
Er grillte Menschen wie Fasane
und latschte im *Godzilla*-Stil.

Er schwärzte Häuser, ganze Orte,
den Rest davon, den trat er platt.
Nicht schwer für eine Dino-Sorte,
die so 'ne Stiefelgröße hat.

Allmählich war'n die braven Leute
vom „Dauerfeuer" voll frustriert,
weil Schwund der halben Siedlermeute
den Grundstückswert echt reduziert.

Drum wurd' ein Ritter angeheuert,
damit sich's wieder besser wohnt.
Ein Dutzend ward zuvor „gefeuert",
doch blöderweise schon entlohnt.

Man hatte nun zwar reichlich „Kohle",
doch war buchstäblich „abgebrannt",
weil Drachendrecksacks Schlund und Sohle
versauten Haus und Hof und Land.

Doch was sich ließ an Geld behüten,
das schmissen alle in 'nen Topf,
um Ritters Dienste zu vergüten,
zu spalten den Reptilienkopf.

Und unser Held mit Namen *Weyhe*,
der sandte noch ein Stoßgebet:
„Dort, wo den Drachen ich entzweie,
für Gott ein Kirchlein bald entsteht!"

Nachdem vollendet war der Spruche,
da schnappte er sich rasch sein Schwert
und hastete zum *Allerbruche*,
weil wohl der Lindwurm dort verkehrt.

Und unser Held sollt' Recht behalten.
Er fand ihn vor, er roch Benzin,
denn feiste Drachenklauen krallten
sich um 'nen Eimer Kerosin.

Der eitle TNT-Rex-Dandy,
der gurgelte grad ein Gemisch
aus Spiritus versetzt mit Brandy.
So riecht sein Atem wieder frisch.

So kriegt der Drachenrachen Zunder.
Der Schuppenpanzer glänzt wie neu.
Es brennt der ganze Menschenplunder
erst ordentlich mit dem Gebräu.

Und wie die Echse so am Schwelgen
von Feuersbrunst und Flammenmord
bemerkt sie, wie des Ritters Felgen
sich schleichend nähern, steuerbord.

Sofort wird's Maul weit aufgerissen,
die Augen tödlich angeschlitzt.
Grad hat der Held sich vollgeschissen,
schon wird er gnadenlos geblitzt.

Und gleich darauf die Schwanzattacke.
Der Lindwurm packt den Lindwurm aus:
„Mich deucht, dies Würmlein hat 'ne Macke,
drum steht der Sinn mir nach zu haus'."

„Doch kann ich mich kaum blicken lassen,
besudelt, wie ich hier so steh'.
Der Pöbel wird mich sicher hassen.
Ojemine, ojemine!"

„Nun gut. So sei es. Ich geh' rüber.
Verflixt! Verdammich! Echt zu dumm!
Mein Beinkleid, das ist eh hinüber,
so bring ich halt den Drachen um."

Er zückt den Speer. Er greift zum Degen,
bestärkt ob des Gedankenspiels.
Und ohne groß zu überlegen,
pflückt er die Rübe des Reptils.

Und da Recycling seine Masche,
und er die Tat beweisen muss,
macht er sich eine Kroko-Tasche
aus Lindwurmhaut mit Reißverschluss.

Dann kommt er an, der Held der Stunde,
genießt den Jubel, den Applaus.
Sein Name ist in aller Munde
und die Geschichte hiermit aus.

Nur fast, da gab's ja ein Versprechen:
„Ich bau ein Kirchlein Gott zum Dank.
Dort wo des Drachen Knochen brechen,
eröffne ich 'ne Büßerbank."

Drum war der Dom-Bau an der Reihe,
natürlich drachenfeuerfest.
Das Gotteshaus hieß nun *Kirchweyhe*,
verstärkt mit Schindeln aus Asbest.

2.

Wie Erlkönig auf Speed
(Der wilde Jäger in Rügen)

Kommt man nach Norden, mehr nordöstlich,
erblickt man schon die weiße Pracht.
Dann wird's normalerweise fröstlich,
hat man beim Törn was falsch gemacht.

Dann ist man wohl zu weit gelandet,
hat volles Mett das Ziel verbockt,
ist im Polargebiet gestrandet,
wo *Santa Claus* im Iglu hockt.

Doch um den alten Weihnachtszausel
soll sich die Story gar nicht dreh'n,
steht doch im Buchvertrag die Klausel,
es soll um Deutsche Sagen geh'n.

Drum lasst mich fortfahr'n ohne Lügen,
natürlich meint die weiße Pracht
das kreidebleiche Eiland *Rügen*,
wo die Geschichte nun vollbracht.

Denn auf der schicken Kreidescholle,
erzählt man sich seit Jahr und Tag,
spielt jener eine böse Rolle,
der Kinder ganz besonders mag.

Okay, aufgrund der letzten Zeile
wär' *Santa* wieder mit im Spiel.
Der ist bei <u>dem</u> Geschenkverteile
mit Sicherheit auch pädophil.

Der wahre Schurke ist Legende.
Nehmt nur das *N* von *SANTA* mit,
nehmt's aus der Mitte mit ans Ende,
und *SATAN* steht im letzten Schritt!

Ja, Satan ist es, den ich meine,
den Teufel selbst, den Beelzebub,
Mephisto, Dämon, der Gemeine,
der *Rügen* unter Angst vergrub!

So sagt man sich, sobald die Glocke
gar zwischen elf und zwölf erklingt,
macht sich der Teufel auf die Socke
und jede Menge Unheil bringt.

Als *Wilder Jäger* sitzt er nächtlich
auf einem pyrophilen Gaul,
der schnaubt bedrohlich und verächtlich
aus seinem feuerfesten Maul.

Der Teufel liebt den großen Auftritt,
das Drama hoch zu seinem Ross,
drum schreit er punktuell im Laufschritt:
„Tschû hâ! Hier kommt der große Boss!"

„Versteckt Euch nur, Ihr dummen Narren!
Mich dürstet es nach Eurem Blut.
Aus furchtsam' Augen sollt Ihr starren,
mit Zähnen klappern trotz Skorbut!"

„Lasst nur die Vorderthüre offen,
die Hinterthüre auch sogleich,
schon habe ich Euch leergesoffen
und nehm' die Reste in mein Reich!"

So ähnlich, wie es hier geschildert,
geschah es einst in *Coldevitz*.
Dort hat der *Jäger* bös' gewildert
und nahm manch Ding in Vollbesitz.

So sah der Tagelöhner *Möller*,
nachdem er nicht die Türen schloss,
wie höllisch dieser Chinaböller
durch eben jene Pforten schoss.

Und wie er so das Haus passierte,
erblickte *Möller* dessen Fracht,
zwei Knaben er sich einkassierte,
zu schleppen sie durch finstre Nacht.

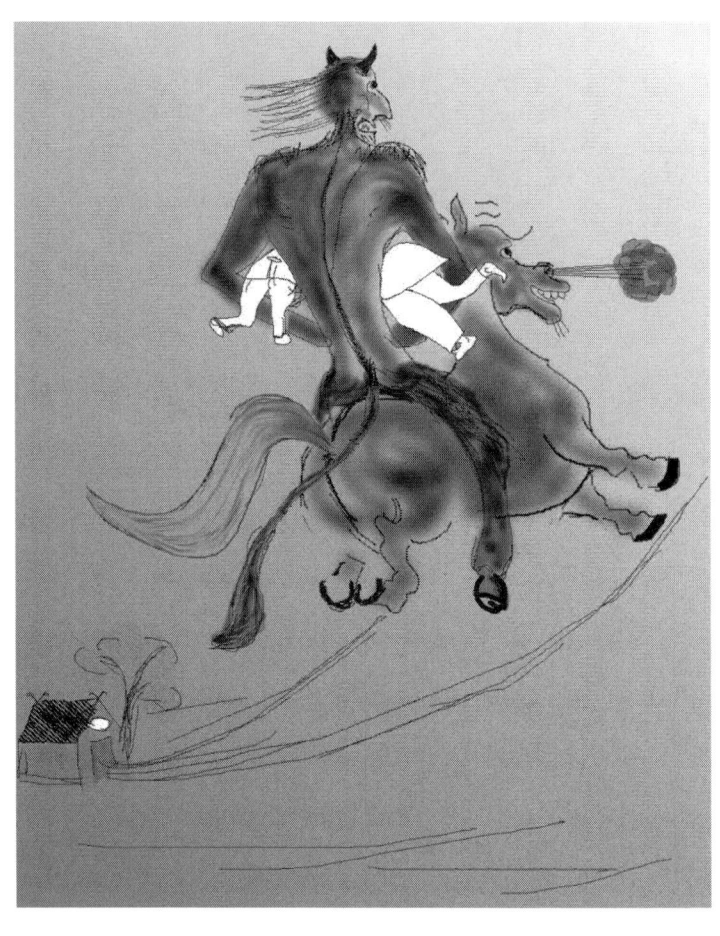

Zur Linken und zur Rechten einen,
trieb er sein Ross durch Dunst und Ried.
Er zockte sich die armen Kleinen,
wie Goethes *Erlkönig* auf Speed.

Bleibt nun zum Abschluss nur die Frage:
Muss echt die Türe offen sein?
Warum nur trümmert in der Sage
der Teufel die nicht einfach ein?

Wahrscheinlich hat selbst Beelzebube
ein Mindestmaß an Höflichkeit
und bleibt in seiner Höllengrube,
sofern man ihn nicht dort befreit.

Drum schließt die Türen und die Fenster,
so bleiben, auch wenn Frischluft stockt,
Dämonen, Geister und Gespenster
in ihrer Butze angepflockt!

3.

Auch Große
haben Kleine
(Hünensteine bei Ganderkesee)

Ob manch Legenden wirklich stimmen,
ist oftmals schwerlich zu versteh'n.
Ganz anders ist's im Ort *Steinkimmen*,
dort kann man's schon von weitem seh'n.

Dort kann den Mythos man, entgegen
manch Zweifel rechtlich einwandfrei,
mineralogisch gut belegen
mit Hämmerchen und Senklotblei.

Doch auch ganz ohne Doktorwürde
ermittelt jeder das Indiz:
Die hünenhafte Felsenhürde
ziert sämtlich Teile des Gebiets.

So lohnen sich bei *Wildeshausen*,
wenn man in *Pestrup* mal verweilt,
gar manche Zigarettenpausen.
Die sind da richtig eingekeilt.

Mit unaufzählbar fetten Brocken
sind viele Äcker dort bestückt.
Wer kann bloß solche Brocken bocken?
Wer hat sie nur dort hingerückt?

Und zur Erklärung dieser Frage
dient zweifellos, wie soll's auch sein,
gar keine Frage, eine Sage.
Und darin lesen wir jetzt rein.

Einst lebten am erwähnten Orte
ganz arg verspielte Wanderhünen,
von dieser *„ Werder-Bremen "*-Sorte,
mit einem Ball im Immergrünen.

Sie rauften, tobten und sie stritten.
Sie spielten praktisch überall
und hinterließen mit den Tritten
so manche Spur und manchen Ball.

Und solch ein Ball, wer hat's erraten?
Was wird der wohl gewesen sein?
Wer muss sich jetzt denn noch beraten?
Natürlich je ein Hünenstein.

Die infantilen Kleinhirnriesen
mit ihrem bräsigen Gemüt
verteilten auf den Wiesen diesen
und manchen andern, Nord bis Süd.

So hat wohl *Steinfeld* sich ergattert
den Namen und den Felsendreck,
hier hat mal deren Kopp gerattert:
So'n Stein hat mehr Verwendungszweck!

Denn zu der Zeit, von der wir reden,
da gab es weder „*toom*" noch „*Bahr*".
Da gab's auch keine Möbelläden.
Drum war, was da, das Mobiliar.

Und weil die Riesen doch recht häuslich,
benutzten sie den Fels für lau,
zwar war ihr Wohnungsstil echt scheußlich,
zum Höhlen- und Apartmentbau.

So hievten sie die Findlingsstumpen,
und stapelten sie Schicht für Schicht.
Doch leider war'n die Hüttenklumpen
nach Baustopp mal so gar nicht dicht.

Drum pladderte der Nieselregen
zur Sommer- und zur Wiehnachtstiet
durch alle Ritzen. Ja, von wegen,
es lebt sich schöner in Granit.

Und leider war'n die Riesenflossen
für Feinarbeit zu ungeschickt,
drum hamm die groben Zeitgenossen
die Fehlversuche weggekickt.

Die flogen rüber zu den Zwergen,
da war Schneewittchen noch nicht da,
und wurden zu den *Damer Bergen*,
die man seit dem von weitem sah.

An einem dieser Überreste
sieht man noch heut' mit Gottesgruß,
wenn man nur daran glaubt ganz feste,
den Abdruck von 'nem Riesenfuß.

Und doch etwaige Ähnlichkeiten
mit Brocken auf dem *Kneter Feld*
sind sicherlich nicht abzustreiten,
solang's dem Sagenfreund gefällt.

Am Ende könn' wir's nicht ermessen,
warum die Hünen dies gemacht.
Sie hamm die Steine schlicht vergessen
und an den Sperrmüll nicht gedacht.

4.

Gift
- Wenn die Alte weg muss -
(Der Giftmischer Blentermann)

Die Sage hier enthält Motive,
an die so mancher manchmal denkt.
Sie zeigt, wie Liebesoffensive
den Mensch zu bösen Taten drängt.

Sie offenbart die große Schwäche,
die manch Verliebten übermannt.
Die Habgier ist's, von der ich spreche.
Die killt auch gern mal den Verstand.

Und so geschehen einst in *Bremen*,
rund 16-hundert-schieß-mich-tot,
da konnt' sich jemand nicht benehmen
und schmierte Gift aufs Vollkornbrot.

Doch wieso wird ein Brot vergiftet?
War das „*Nutella*"-Glas schon leer?
Wer hat den Täter angestiftet?
Was war sein Plan? Wo kam er her?

So viele ungeklärte Fragen,
doch immer hübsch der Reihe nach.
Ich werd' Euch alles haarklein sagen,
weil ich's im Intro ja versprach.

In *Bremen* also, spricht die Sage,
da lebte *Hermann Blentermann*,
der war in der beschiss'nen Lage,
sich zu verknallen, dann und wann.

Doch blöderweise war der Macker
mit einem Weib bereits verknüpft.
Drum musst' die Alte auf den Acker,
bevor sie ihm dazwischen hüpft.

Und weil er eben schon verbandelt,
die Nachbarstochter geiler war,
hat er, wie folgt, im Wahn gehandelt
und shoppte in der „Cocktailbar".

Doch kann man's sicher schon erraten,
dies war kein Pub im engsten Sinn.
Gerochen ist doch schon der Braten,
dort gab's kein Bier und keinen Gin.

Dort gab's nur Gifte und Toxine
nach Tötungsgrad in Reih' und Glied.
Als Pulver, Trank oder Praline,
macht letztlich keinen Unterschied.

Und hinterm Alchimistentresen
stand starr das alte Hexenweib.
Die ist so abgrundtief gewesen,
dass ich sie besser nicht beschreib'.

„*Moin, Moin!*", begrüßte sie den Kunden.
„Bewundert nur mein Angebot.
Dreht nur in Ruhe Eure Runden.
In allen Flaschen steckt der Tod."

Mit einem Anflug leichten Schauderns
trat *Blentermann* ins Giftemeer.
Und nach Momenten voll des Zauderns
erläuterte er sein Begehr'.

„So, so, er liebt des Nachbarn Tochter.
Und bloß sein Weib steht ihm im Weg.
Ja, ja, die süße Tochter mocht' er.
Ich hab' es gleich, ich überleg'."

So faselnd schleppt' die alte Krähe
den morschen Hintern ins Depot,
kam drohend wieder: *„Wehe, wehe,*
mischt dies in Brot und Milch und so."

Zufrieden ging der Gifterwerber
nach haus' und folgte ihrem Rat.
Die Milch schmeckt' künftig etwas herber
dank *Quecksilber* als Aromat.

Doch das war alles, was passierte,
der einzig sichtbare Effekt.
Egal wie viel er applizierte,
dem Weib hatt's nur nicht gut geschmeckt.

Drum fühlte er sich nun genötigt,
den Gift-Shop wieder zu begeh'n,
da er was Stärkeres benötigt',
um seine Frau im Sarg zu seh'n.

Die Hexe rieb die Runkelrübe
und murmelte mit sich vertraut:
„Das Elixier, das gelblich-trübe.",
und reichte ihm das *Rattenkraut*.

„Aus dieser gläsernen Ampulle,
nach hochwirksamer Rezeptur,
verstreiche er auf eine Stulle
nur einen Hauch von der Tinktur."

„Dann decke er sie ab mit Butter,
so fühlt das Weib sich nicht bedroht.
Und siehe da, dann liegt die Mutter
im Suppenteller und ist tot."

Es tat der Täter wie befohlen.
Gesagt, getan. Die Frau war futsch.
Jetzt noch die Nachbarstochter holen:
„Damit ich endlich drüber rutsch'."

Doch *Blentermann* hatt' sich verrechnet.
Natürlich flog die Sache auf.
Denn als der Giftkauf abgerechnet,
stand auf dem Bon sein Name drauf.

Nun ging's ganz schnell, er wurd' verhaftet,
gestand die Tat noch im Verhör.
Das hat er gar nicht gut verkraftet
und flehte nur: *„Ich war's, ich schwör'."*

Dann wurd' er richtig abgeledert,
so anno sechzehnhundertsechs.
Er wurd' gefoltert, dann gerädert.
Und traf erneut die alte Hex'.

Die kam als Krähe angeflogen
und pulte ihm die Augen raus.
Tja, wer gemordet und betrogen,
der sieht am Ende Scheiße aus.

5.

Ganz in Gneis
(Die Sage von der Visbeker Braut)

Lässt man das Haupt durch *Ahlhorn* schweifen,
weit übers Meer von Heidekraut,
entdeckt man einen Felsenstreifen,
der dicht bemoost und angegraut.

Beim Anblick dieser Megalithen
fragt mancher sich: *„Was soll das sein?*
Hat Obelix, wie bei den Briten,
hier sein Archiv für Hinkelstein?"

„Was wohl der Hünenschiss bedeutet?
War dies ein Ort fürs Ritual?
Wurd' hier geopfert und gehäutet?
Erlag hier mancher seiner Qual?"

„Hat hier das Marsvolk seine Startbahn?
Von Däniken, der wüßt' bescheid.
Vielleicht ist's 'ne antike Kartbahn,
ein Sportplatz aus der Jungsteinzeit?"

„Vielleicht ist es ein Mondkalender?
Germanen machten hier ihr Thing?
Vielleicht auch Merlins Zaubersender
und so'n kopiertes Stonehenge-Ding?"

Es lohnt sich nicht zu spekulieren,
das macht die Rübe bloß zu schwer.
Um keinen Burn-out zu riskieren,
muss einfach nur 'ne Sage her.

So soll es sein. Nun folgt das Märchen
vom Hofbesitzer, der voll fies
und seine Tochter zu 'nem Pärchen
mit einem Reichen trauen ließ.

Und das, obwohl das arme Mädel
verliebt war in des Schäfers Sohn.
Der war zwar blitzgescheit im Schädel,
doch kriegte nur 'nen Hungerlohn.

Es war Big Daddy aber schnuppe,
dass Töchterchen so arg verknallt.
Schon zog die ganze Hochzeitstruppe
nach *Visbek* ohne Zwischenhalt.

Der Vater wurd' von Gier getrieben.
Er wollt' so sein wie *Dagobert*.
Denn Geld, das müsse man doch lieben,
damit sich's fortpflanzt und vermehrt.

Die Glocke drang schon an die Ohren,
da traf die Tochter den Entschluss:
„Ich werd'… ", hat sie zu Gott geschworen,
„… zu Stein, wenn ich den trauen muss!"

Abrupt gerieten sie ins Stocken.
Der ganze Trupp war still und starr.
Und plötzlich standen Findlingsbrocken,
wo grade eben keiner war.

Ein jeder aus der Hochzeitssippe
war nun ein respektabler Stein.
Drum stand die Heirat auf der Kippe,
so sollte es ja schließlich sein.

Der Braut kam diese Not gelegen.
Doch leider konnte sie, so'n Scheiß,
sich weder drehen, noch bewegen.
Ja, wat'n Scheiß, sie war ein Gneis.

Und auch des Bräutigams Parade
war simultan erstarrt und stumm.
Die steht bis heute schnurgerade
als Steinwall in der Gegend rum.

Nun ist's erzählt. Das lief doch flüssig.
Die Sage hier hat Fuß und Hand.
Die Steinherkunft ist völlig schlüssig
und hält so jedem Richter stand.

Dem Leser, dem ist's auch ganz wichtig.
Er wurde kompetent belehrt.
Die Eingangsfragen sind nun nichtig
und echt plausibel hier geklärt.

6.

Knüppel upp 'n Kopp
(Der dankbare Zwerg)

Es gilt nach diesem Fabulieren
das Bild, das man von Zwergen hegt,
mal so komplett zu revidieren,
denn hier wird's faktisch widerlegt.

So galt ein Zwerg bisher als tüchtig,
zum Beispiel vom Typ *Heinzelmann*:
Nach Hausputz süchtig und dann flüchtig,
dass man ihn nicht versklaven kann.

Er galt als fleißig, selten muffig
und künstlerisch enorm versiert,
als niedlich, putzig, süß und knuffig,
weil winzig, feist und unrasiert.

Doch blickt man hinter die Geschichte,
die äußerlich geschönt und glatt,
so zeigt sich, dass der Ruf der Wichte
schon seit Schneewittchen Risse hat.

Denn sind wir doch mal alle ehrlich,
zwar ist es bloß so ein Gefühl:
Das Mädel lebte echt gefährlich,
so unter Männern im Asyl.

Denn schließlich ist's dem Trieb nicht wichtig,
wie klein, wie groß, ob Kerl, ob Gnom.
Das Bodymaß ist null und nichtig,
erst recht beim Little-Man-Syndrom.

Man kann nur leise spekulieren,
wofür die Zipfelmütze steht.
Was will der Träger kompensieren?
Was wird hier optisch aufgebläht?

Die Körpergröße? Stummelbeine?
Der ausgefranste Kopfhaarkranz?
Vermutlich wieder nur das Eine:
Der Mangel an Intimsubstanz.

Dies würde auch den Film erklären,
den Zwerge fahr'n, klaut man den Hut.
Denn wer entmannt wird, wird sich wehren.
Dann geht's der Rute wieder gut.

Drum soll beginnen die Geschichte,
die Sage, in der dies passiert'.
In der ein Bauer einem Wichte
die Mütze stahl und so kastriert'.

Dies hat bei *Kästorf* stattgefunden.
Dort drehte, so wird's noch vertellt,
ein Zwergenvolk einst seine Runden,
bevorzugt im Gemüsefeld.

Sie turnten durch die Fremdrabatten
und rafften Erbsen, Mais und Kohl,
erstarrten bei Gefahr im Schatten,
wie Gartendeko, stumpf und hohl.

Doch während sie auf Kunstkitsch machten,
da kam der Bauer just vorbei,
sie in die Grube zu verfrachten
samt ihrer Beute im Standby.

Sie flohen alle vor der Keule,
doch eins der Männlein hat gestockt.
Das stand noch starr wie eine Säule,
da war es auch schon ausgeknockt.

Der Bauer hatt' drauf los getrümmert.
Er nutzte diesen Zwischenstopp
und zimmerte recht unbekümmert
den Knüppel upp'n Dwargenkopp.

Und als er aus dem Koma schreckte,
der stark verbeulte Gartengnom,
er mit erneutem Schreck entdeckte:
Sein Hütchen stahl der Ökonom.

Der fand den Ernteklau nicht witzig,
drum dachte er sich wiederum:
*„Das Zipfelmützchen, das stibitz ich
und dreh' den Spieß ganz einfach um."*

Doch leider war der dumme Bauer
nur unzureichend informiert.
Er wußte nichts von Zwergenpower,
drum war er etwas echauffiert …

… Als dieser kleine Mini-Macker
sich plötzlich seinem Griff entriss
und ihm noch auf dem Erbsenacker
recht kräftig in die Klöten biss.

Und wie er so zusammensackte,
ganz gramgebeutelt, schmerzverzerrt,
der Zwerg ihn am Schlafittchen packte
und ein paar Takte noch geklärt:

„Ich warne Dich, du Erbsenzähler,
gibst Du die Mütze nicht zurück,
dann beiß' ich Dir für diesen Fehler
aus Deinem Skrotum noch ein Stück!"

Er tat sofort, wie ihm geheißen
und händigte dem fiesen Wicht,
bevor noch alle Sehnen reißen,
den Zipfel aus, dann schwand das Licht.

Doch Wochen, nachdem dies passierte,
hat er ihn vor Gericht bestellt.
Der Bauer siegte und kassierte
vom Zwerg 'nen Haufen Schmerzensgeld.

Und, habe ich zu viel versprochen?
Den Zwerg an sich zu viel gelobt?
Es wird des Wichtels Ruf gebrochen,
wenn der erstmal den Aufstand probt.

Drum folgt am Ende nun wie immer,
noch die Moral von der Geschicht':
„Siehst Du 'nen Heinzelmann im Zimmer,
erschlag ihn besser gleich, den Wicht!"

Ach ja, …

… der Bauer machte dann 'ne Sause
und landete im Trash-TV.
Er ging direkt zu *Inka Bause*
und suchte sich 'ne Bauersfrau.

I.

Erst klaut die Magd, dann rauscht die Linde

(Die Gertrudenlinde)

Bevor die nächste Sage startet,
sei eine Warnung angebracht,
denn nichts wird sein, wie es erwartet,
drum leset weiter mit Bedacht!

Um Tod wird's gehen und Verwesung,
um böse Taten und noch mehr,
so ist das meiste dieser Lesung
Bestandteil einer Schauermär.

Und darin geht's um Baumgespenster,
um Nonnengeister, Friedhofsmief,
um Astgekratze dort am Fenster
und Gräber, die nur knöcheltief.

So stehen selbst die Achselhärchen,
denn unsre folgende Geschicht'
beruht auf einem wahren Märchen.
(Obwohl sich das jetzt widerspricht.)

Drum huscht nun rasch unter die Decke,
doch macht Euch eine Funzel an,
das wägt Euch sicher im Verstecke,
weil doch der Horror längst begann!

In *Oldenburg* spielt, was geschehen,
dort wird noch heute leis' geschnackt
vom Unschuldsbitten und vom Flehen
von einer Magd, die man verknackt'.

Verknackt, beschuldigt und gerichtet,
obwohl die echt voll knorke war.
Doch höret jetzt, was nun berichtet,
und was an Unrecht dort geschah:

Einst gab es 'nen verwöhnten Bengel,
so anno-und-ein-Hühnerschiss,
in *Oldenburg*, der war kein Engel,
weil er gern alles an sich riss.

Er lebte gern aus Papas Tüte.
Nach heut'gem Maßstab und Klischee,
ein Mama-Prinzchen erster Güte
mit Hang zum dicken Portemonnaie.

Man merkt schon nach den ersten Zeilen,
ein regelrechter Unsympath,
der nichts mehr hasste als zu teilen,
um sich zu nehmen, was parat.

Parat, wie das erwähnte Mädel,
das sich als Magd den Arsch aufriss.
Die wollte nicht aus seinem Schädel,
denn sie war schön, doch litt an Spliss.

Doch wen verwundert's, denn die Haube,
die üblich war beim Servicepack,
die diente manch Getier als Laube
und machte sie zum Lumpensack.

Doch trotz der Mängel an der Reinheit,
war's Mädel rein vom Herzensgrund,
drum übersah der Typ die Feinheit
und wurde läufig wie ein Hund.

Er wollt' sie haben, sie besitzen.
Er hechelte und drängte sie.
Er lauerte durch schmale Ritzen.
Er zwang sie auf die wunden Knie.

Die arme Magd war ganz verschüchtert.
Doch weil der Drecksack so verdreckt,
goss sie den Eimer, nun ernüchtert,
in seine Hose im Affekt.

Und weil man endet, was begonnen,
zerschellte sie an seinem Kopp,
und wie gewonnen, so zerronnen,
den Stiel von ihrem treuen Mopp.

Das konnte der nun gar nicht leiden
und fühlte sich total geneppt,
weil Machos sonst ja eher meiden,
was nicht nach ihrer Tröte steppt.

Drum machte diese fiese Zecke
'nen hundsgemeinen Racheplan,
der unsre süße Feudelschnecke
nun vollends schmiss aus ihrer Bahn:

Er stahl der Mutter voll wat Schönes
und schob's der *„Dreisten Dirne!"* hin.
Er machte voll auf *Uli Hoeneß,*
ein klassischer Alleingewinn.

Er schmuggelte die Diebesbeute
ins Köfferchen der treuen Magd,
so dass im Anschluss dann die Meute
das arme Ding gleich angeklagt.

Sie wurd' verurteilt und beschuldigt,
dann machte man ihr den Prozess.
Und während sie noch Unschuld huldigt',
begann der ganze Hinrichtstress.

Schon zog der ganze Mob und Pöbel
mit ihr im Schlepptau zum Schafott.
Und wie sie stand vorm Henkersmöbel,
da sprach sie sanft zum lieben Gott:

„Den Zweig, den ich grad abgerissen,
den stecke ich jetzt upside-down.
Und wächst er, werdet ihr es wissen,
dann war ich schuldlos in the town!"

Gesagt, getan, sie nahm die Rute
und prökelte sie in den Sand.
Verkehrt herum gedieh die Gute
und hat bis heute festen Stand.

Genützt hat's nix, sie wurd' gerichtet,
obwohl sie ja nun nix gemacht.
Auf einen Anwalt drum verzichtet,
doch leider hat's ihr nix gebracht.

Im Nachhinein kann man noch toben,
ob sie vielleicht 'ne Hexe war,
denn wenn ein Zweig mit Wurzel oben
so wächst, dann ist das sonderbar.

Vielleicht war's von der toten Putze
auch nur botanisches Talent,
und daher steht nun voller Trutze
ein Prachtbaum dort, wo sie jetzt pennt.

Drum rauscht nun die *Gertrudenlinde*
ganz buschig auf dem Kirchenhof,
doch drunter geistert das Gesinde,
die finden's Rauschen nämlich doof.

So spuken nachts zur Geisterstunde
drei Nonnen auf dem Friedhof rum
und dreh'n so manche Grabsteinrunde
als pilgerndes Panoptikum.

8.

Als der Däne mit dem Holm ...

(Der Dänhom bei Stralsund)

Wirft man 'nen Blick in die Geschichten,
dann gab es zwischen Groß und Klein,
in Form von Kriegen und Vernichten,
schon immer heftig Reiberei'n.

Es wurd' vermöbelt und verdroschen,
Gebiet erobert und verlor'n,
in Brand gesteckt, bis er erloschen,
getötet, doch auch neu gebor'n.

So war's doch immer. So wird's bleiben,
solang der Mensch auf dieser Welt.
Bis unser Erdenball in Scheiben
zerstückelt in die Sonne fällt.

Nun bin ich schon zu weit geschwommen
und hab', obwohl's noch nicht begann,
den Schlußsatz schon vorweg genommen,
doch nun fängt die Geschichte an:

Doch vorher ich noch einmal schwenke
zur ersten Strophe, die belegt,
dass Groß und Klein und ihre Ränke
schon immer den Verlauf geprägt.

Denn auch in folgendem Geschehen
kämpft *David gegen Goliath*,
nur dass das Ganze, ungesehen,
kein Bibelausmaß innehat.

Hier ist es kleiner, doch nicht nichtig.
Hier steht ein Boot gegen ein Schiff,
weshalb ein Eiland, das ist wichtig,
den Leuten wurde zum Begriff.

Und dieses Eiland, will nicht lügen,
liegt winzig klein, für's Aug' fast blind,
als Sandwichkäse zwischen *Rügen*
und *Stralsund*, die das Toastbrot sind.

Der *Dänholm* ist es, den wir meinen,
den popelgroßen Inselzwerg,
auf dem der Große an dem Kleinen
verrichtete sein Kriegshandwerk.

Vor fünf-mal-hundert knappen Jahren
erhielt die Insel ihren Ruf,
da kamen Dänen angefahren,
was zeitgleich auch den Namen schuf.

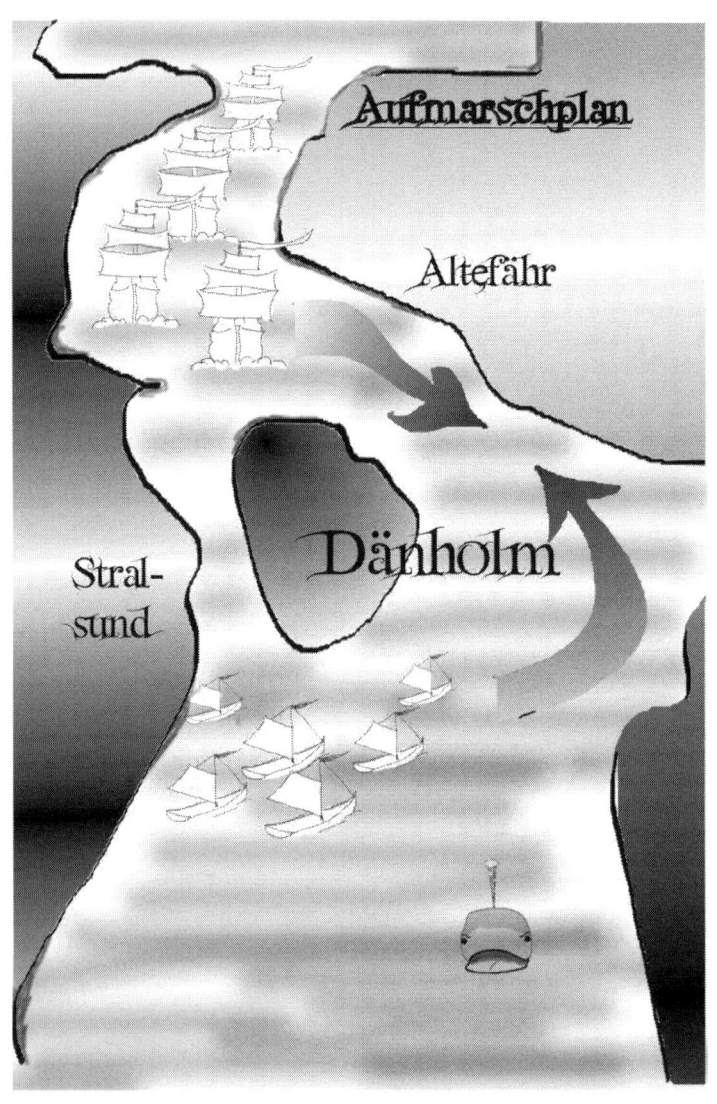

Die wollten wohl das Eiland kapern,
um *Stralsund* auf den Sack zu hau'n.
Dort sollte es an Stärke hapern,
drum könne man die Stadt versau'n.

So zimmerten sie massig Kähne
und paddelten zum *Strelasund*.
Doch lief des Nachts der doofe Däne
im seichten *Bodden* voll auf Grund.

Nun parkten sie mit ihrer Pinne,
nachdem sie durch den *Sund* gepflügt,
vorm *Dänholm* in der Fahrtenrinne
und wirkten nicht so recht vergnügt.

So waren sie, kann man sich denken,
für's Inselvolk ein gutes Ziel.
Es lässt sich einfach Scheiße lenken,
steckt man rumpfabwärts tief im Priel.

Drum nutzte man in Fischerböten
vom Eiland aus die große Chance,
weil Feindesschiffe zwar in Nöten,
doch auch nicht wirklich in Balance.

So war's ein Leichtes, sie zu entern,
von kleinen Anglern eingenetzt.
Denn, wenn die Blondis hier schon kentern,
gehören sie auch festgesetzt.

Dann rieben unsre tapf'ren Fischer,
bestärkt durch Ruf von Weib und Kind,
die Dänen auf. Die Luft ward frischer,
verstärkt vom klaren Ostseewind.

Die Stadt war frei und groß der Jubel.
Der „kleine Mann" stand fest und stark
und trat den Feind im ganzen Trubel
zurück zum Staate Dänemark.

Von diesem Tag an und bis heute,
ist's nur der Name, der noch blieb,
weil man die **Dän**en dort vertäute
und mit dem **Holm** vom Strand vertrieb.

Seit dem wird's ordentlich gefeiert
mit Budenzauber und Tamtam.
Es wird manch Lobeslied geleiert
von *Stralsund* bis zum *Rügendamm*.

So zeigt sich im Geschichtsgerangel,
dass selbst ein Fischer sitt und satt,
solange er an seiner Angel
'nen dicken Brocken baumeln hat.

9.

Die eingeweckte Olle
(Die Ururalte)

Bevor die folgende Novelle
mit ihrem Thema um sich schmeißt,
gehören aber an der Stelle
noch ein paar Punkte eingekreist.

Die Punkte sind, das will ich meinen,
von größter Aktualität.
Um Jugendwahn im Allgemeinen
sich's nun im Kern der Sage dreht.

Um Anti-Aging ohne Pflaster,
um Trunksucht und um Völlerei.
Um noch so manches and're Laster
geht es im nächsten Mythenbrei.

Um eine Alte und die Tugend,
dass sie für ewig stramm und fest,
die mit dem Einfrier'n ihrer Jugend
selbst *Cher* echt alt aussehen lässt.

Die Alte lebte einst zu *Lübeck*
und gab sich gern dem Feiern hin,
drum war die Schönheit ziemlich früh weg.
Es hingen Brüste, Po und Kinn.

Sie liebte Wein und gutes Essen.
Sie war auch hier und da mal high.
Nur trug, das hatte sie vergessen,
dies nicht grad zur Gesundheit bei.

Drum flog die Haut in ferne Weiten.
Die Körpermitte kippte schon.
Denn leider gab's zu diesen Zeiten
kein Straffen und kein Silikon.

Die Säcke unter ihren Augen,
die boten manch Gepäckstück Platz.
Doch Körperfette abzusaugen,
ergibt sich erst im nächsten Satz.

Doch nicht, wie heute, durch Kosmetik,
durch Botox-Spritze und Skalpell.
Die frühen Wege zur Ästhetik
benötigten den Gott-Appell.

So betete die fromme Zippe
zu Christus, dass er gnädig sei,
auf dass er mache Stirn und Lippe
samt ihrer Titten faltenfrei.

Und da ein Schöpfer nun mal trachtet
nach Schönheit und Vollkommenheit,
und Größenwahn ja eh gepachtet,
hat er sie halt vom Rost befreit.

Nun war sie rundherum erneuert
und happy, ob der schönen Pracht.
Doch leider war sie auch bescheuert
und hat zuvor nicht nachgedacht.

Denn übers Body-Index-Messen
hat sie, und das geschieht ihr recht,
noch eine Kleinigkeit vergessen:
Gesundheit wäre auch nicht schlecht.

So hatt' sie zwar 'ne straffe Pelle,
doch leider Lochfraß im Gebälk.
Durch Eitelkeiten auf die Schnelle
wurd's Innenleben morsch und welk.

Und als rund hundert Jahr' vergangen,
da platzten auch die Nähte auf.
Es endet', wie es angefangen.
So nahm das Schicksal seinen Lauf.

Nur leider war nicht nur's Gerunzel
das einzige, was drück' im Schuh.
Das Öl in ihrer Lebensfunzel,
das neigte sich dem Ende zu.

So knackste es in ihrer Hüfte
durch fortschreitende Dysplasie.
Und typische Vergreisungsdüfte
umwehten ihre Lethargie.

Drum musste man sie unterstützen.
Sie war vergrämt und immobil.
Den Leuten wurde das Beschützen
nur irgendwann einmal zu viel.

So wollte man sie von sich schieben.
Doch war da ein Problem in Sicht:
Für's Grab war sie zu fit geblieben,
und Altenheime gab's noch nicht.

Schon hatte einer der Gesellen
'nen Einfall, der war gar nicht dumm.
„Lasst uns ein Glockenglas bestellen,
dann sperr'n wir sie ins Vakuum!"

Und so geschah es mit der Grauen.
Man rief beim Glockengießer an,
ob der, statt Bronze zu behauen,
so'n Ding aus Glas herstellen kann.

Er konnte, und man nahm die Olle
und steckte sie ins Einweckglas.
Die freute sich nicht grad wie Bolle,
wie sie da so im Treibhaus saß.

Doch dank der luftentleerten Sphäre
hielt sie sich ungewöhnlich frisch.
Nicht mehr so saftig sie wohl wäre,
gäb's zwischendurch ein sattes *„Zisch!"*.

So steckt sie heut' noch in der Glocke,
zwar mittlerweile arg geschrumpft
und leider von dem Rumgehocke
auch schon ein bisschen abgestumpft.

Und wer nun glaubt, dies sei gelogen,
und hier nur an ein Märchen denkt,
der sieht wie sie, zwar recht verbogen,
in der *Marienkirche* hängt.

Dort baumelt sie im Glas am Seile
und denkt vermutlich nebenher:
„Ich hätt' nicht solche Langeweile,
wenn ich nur wieder jünger wär'."

Betrachtet mal die welke Oma,
die zuckt nur alle Jubeljahr'.
Wer hätt' gedacht, dass die durchs Koma
mal avanciert zum Superstar?!

10.

Tischlein, leck mich!
(Der Tisch der Unterirdischen)

In unsrer Zeit des Überflusses
ist Lieferservice der Beweis.
Es ist der Gipfel des Genusses,
hat man nicht selbst die Pfanne heiß.

Was soll man selbst den Herd befeuern?
Das ist doch viel zu unbequem.
'Nen Pizza-HiWi anzuheuern,
ist da hingegen angenehm.

Und nicht dabei zu unterschätzen:
Bedient zu werden, ist echt geil!
Wozu die Hand am Topf verätzen?
So bleibt die Pfote nämlich heil.

Doch wer nun denkt, das Futterordern
sei ein modernes Fressprinzip,
den wird es sicher überfordern,
dass das schon längst Geschichte schrieb.

Zwar ist das folgende Geschehen
nicht unbedingt per Eid verbrieft.
Doch ist der Ursprung hier zu sehen,
drum wird die Story nun vertieft:

So lasst uns in der Sage landen,
als anno-scheiß-drauf mal in *Kiel*,
die Bauern auf 'nem Feldberg fanden
ein dort verfehltes Utensil.

Ein Tisch stand da auf ihrem Acker,
wann immer jemand Pflügen war.
War es beendet, das Geacker,
erschien von selbst das Mobiliar.

Es war komplett gedeckt mit Messern,
mit Löffeln, Gabeln, Schnick und Schnack.
Die Speise war nicht zu verbessern,
traf voll ins Schwarze den Geschmack.

Wo kam's nur her? Wer hat's gedrechselt?
Wer hat es mit Gespeis bestückt?
Hat jemand Haus mit Feld verwechselt
und ist am Ende gar verrückt?

Hat hier ein irrer Sternebräter
sein Hirn in Pflanzenöl frittiert,
und seine Wahnsinnsmahlzeit später
auf *Tischlein-deck-dich* arrangiert?

Nein, nein, die Lösung lag viel näher.
Denn unterm feuchten Ackermatsch,
da lebten kochbegabte Späher.
Wer dies verleugnet, redet Quatsch.

Da wohnte einst ein Volk von Trollen,
laut Buch der Gattung: *Stollenzwerg*.
Und jene Wichtel, ja die sollen,
halt gerne Kochen unterm Berg.

Doch wenn man mal den Sinn betrachtet,
wie das so funktionieren soll:
Wie wird so 'n Tisch da hoch verfrachtet
von einem Untertagetroll?

Und weshalb sind die da am Kochen?
Hamm die nichts Besseres zu tun?
Im Boden wird doch sonst gerochen,
weil viele dort im Grabe ruh'n.

Na ja, man soll's nicht hinterfragen.
So läuft's halt in der Fabelwelt.
Es zweifelt doch nur der an Sagen,
der von dem Ganzen eh nichts hält.

Doch da wir nicht dazu gehören,
ein Märchen uns ein Kumpel ist,
woll'n wir auf ewig Treue schwören
und glauben an den ganzen Mist.

Doch nun zurück zum Wesentlichen.
Wo waren wir? Ach ja, beim *Tisch*.
Obwohl ich mal kurz abgewichen,
ist unsre Info noch recht frisch.

Der Tisch erschien in jener Fabel
'nem frechen Bengel, der gedacht:
„Ich glaub', ich klau hier mal 'ne Gabel."
So hat er's schließlich auch gemacht.

Was wollte er damit bezwecken?
Wie dämlich kann man denn nur sein?
Er wollt' die armen Trolle necken,
drum steckte er sie einfach ein.

Die fanden den Verlust der Forke,
durch seinen dummen Beutezug,
nun aber ganz und gar nicht knorke
und werteten dies als Betrug.

Drum stellten die, weil er sie piekte,
den Lieferservice erst mal ein.
Die Nahrungsquelle, die versiegte.
Der Bengel fand das hundsgemein.

„Da war doch eh nur Fraß im Potte",
das war'n die Worte dieses Tors.
„Da mampf ich lieber Kieler Sprotte.
Ach Tischlein, klei mi doch an'n Mors!"

So legte er die spitze Beute
zurück, als ihm der Tisch erschien.
Doch weil's die Trolle nicht erfreute,
begannen sie ihn einzuzieh'n.

Indem die Tafel am Versanden
und langsam schwand im fetten Lehm,
die Küchengnome so erfanden
mal nebenbei das Pfandsystem.

Das nur, da sie so gerne kochten,
doch Gabelklau nicht tolerier'n.
Und sie nicht einfach so vermochten,
die Gastbewirtung einzufrier'n.

So gab's fortan für Essgeräte,
die nach Verzehr zurückgebracht,
ein bisschen wieder von der Knete,
die man für's Essen angedacht.

Es waren einmal Erdenzwerge,
dies war der schlüssige Beweis,
die schufen's Restaurantgewerbe,
Und somit schließt sich hier der Kreis.

Epilog

Dies ist das Ende nun vom Buch.
Dies sind die letzten Seiten.
Es war ein kleiner Buchversuch,
Euch Freude zu bereiten.

Ich hoffe, dass mir das geglückt
und ihr beim Büchleinschmökern,
zumindest halbwegs ward entzückt,
um es nicht zu verhökern.

Verwahrt es gut und hebt es auf,
im Nachttisch meinetwegen.
Dann schaut bei Zeiten noch mal drauf
beim Euch-ins-Bettchen-Legen.

Es eignet sich auch super gut
zum Geben und Verschenken,
dann müsst Ihr in der Weihnachtsflut
an gar nichts and'res denken.

Auf jeden Fall, Euch allen Dank,
dass Ihr dies' Werk beachtet,
und ihr's in Euren Bücherschrank
und Euer Hirn verfrachtet.

Ein dickes, fettes Dankeschön
gilt auch meinem *Verleger*.
Der kriegte anfangs zwar 'nen Fön,
doch ist er sehr integer.

Er wagte, trotz des derben Stils,
ganz ohne Wimpernzucken
und trotz des anspruchsvollen Ziels,
dies Büchlein hier zu drucken.

Am Anfang warn's der Bücher vier,
voll zotenreicher Texte.
Vielleicht folgt auf das Fünfte hier
mal irgendwann das Sechste?!

'Ne Wanne voll des Lobs geht noch
an *Marco*, der wie immer,
verfüllte manch' Gedankenloch,
wovon ich keinen Schimmer.

Zu guter Letzt, ein Dank dem Mann,
der dieses Buch bebildert.
Der *Rudi*, der gut zeichnen kann,
verschönte, was geschildert.

Jetzt Schluss mit Lobesduselei,
weil ich noch nicht erzählte,
weshalb ich für die Dichterei
das *Sagen*-Thema wählte.

Es sind doch Märchen generell,
und Sagen noch spezieller,
ein unerschöpfter Wissensquell,
ein Blick über den Teller.

Ein Märchen macht doch alle froh
und füllt die Alltagslücke,
'ne Sage tut dies ebenso,
doch baut sie eine Brücke.

So bildet sie ein Bindeglied,
das aneinander bindet,
was in der Wirklichkeit geschieht
und dem, was man erfindet.

Und eben hier liegt jener Punkt,
den nahm ich mir zu Herzen.
Ich nahm mir vor, damit es funkt,
die Sagen zu verscherzen.

Denn so 'ne Sage, Mann-oh-Mann,
die bietet sich, ganz prächtig,
zur Vollverulkung förmlich an.
Den Standpunkt, den verfecht' ich.

Jetzt fehlte noch, das fand ich klug,
das Themenfeld zu straffen.
Schon war der Regionalbezug
am Ende auch geschaffen.

Denn aus dem Norden komm' ich her,
hier wurde ich geboren,
drum hab' ich aus dem Sagenmeer
'ne handvoll auserkoren.

Ich recherchierte tief im Web
und wurde schließlich fündig.
Denn googeln kann doch jeder Depp.
Ich sag' es kurz und bündig.

Das Endprodukt vom *Google*-Look
habt Ihr gerade in der Hand.
Könnt' sein, ein zweites Paperbook
führt uns zurück ins Sagenland?!

Bis dahin aber noch Gemach.
Wir kehr'n zurück nach Hause.
Der Fabelwald liegt erst mal brach.
Da ist jetzt Winterpause.

Geduldet Euch im Takt der Uhr.
Dann folgt alsbald die Wende.
Das Sagenland macht Inventur,
drum ist dies' Buch zu …

Ende.

Biographien
Der Versschleifer und der Pinselschwinger

Lars Kramer wurde 1979 in Bergen auf Rügen geboren. Er arbeitet seit 2003 in der Bremer Psychiatrie und wohnt mit seinem Lebenspartner in der Nähe von Oldenburg. Das vorliegende Buch *„Is'ja SAGENhaft!"* ist nach *Papiersoldaten, Zickenzoff im Märchenland, Axt im Wald* und *Reimteile* sein fünftes Werk, das im Engelsdorfer Verlag Leipzig erschienen ist.

Weitere sagenhafte Infos über den Autor im Internet unter:
www.larskramer.de

Rudi Kohls wurde 1952 in Oldenburg geboren. Er ist seit über 38 Jahren verheiratet, Vater von vier Töchtern und Opa von drei Enkelkindern. Er übt einen technischen Beruf aus. In seiner Freizeit fotografiert, liest und zeichnet er gern. Seine Urlaube verbringt er bevorzugt auf einer Nordseeinsel und im äußersten Südwesten Europas, wo er sich Inspiration für sein kreatives Schaffen holt. *„Is'ja SAGENhaft!"* ist sein erstes Mitwirken an einem literarischen Werk.

Schmökertipps
Lars Kramer im Engelsdorfer Verlag

Papiersoldaten

ISBN 978-3-86703-090-8

„Ich habe viel Spaß gehabt."
(Hape Kerkeling)

„Ich habe sein Buch von der ersten bis
zur letzten Seite genossen. Besonders
schön darin ist die Portion Selbstironie."
(Leuchtfeuer)

Zickenzoff im Märchenland

ISBN 978-3-86703-499-9

„Die Texte sind witzig, gut verständlich
und voller Ironie."
(Leuchtfeuer)

„Geh' damit auf Tour!"
(Cindy aus Marzahn)

Axt im Wald

„Wer herzhaft lachen möchte,
sollte dieses Buch unbedingt lesen."
(Leuchtfeuer)

„Seine Texte wirken,
wie ein kräftiger Hieb mit dem Säbel."
(Nordwest-Zeitung)

ISBN 978-3-86901-233-9

Reimteile

„Lars Kramer schreibt über die Tücken und
Abgründe des Alltags."
(Nordwest-Zeitung))

ISBN 978-3-86268-494-6